Deutsch für Kinder

A1 | Band 1

Arbeitsbuch

Luiza Ciepielewska-Kaczmarek
Aleksandra Obradović
Susanne Sperling
Giselle Valman

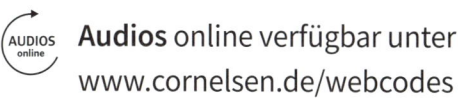

Audios online verfügbar unter
www.cornelsen.de/webcodes   Code: gufere

Deutsch für Kinder

A1 | Band 1

Arbeitsbuch

Im Auftrag des Verlages erarbeitet von
Luiza Ciepielewska-Kaczmarek, Aleksandra Obradović, Susanne Sperling und Giselle Valman (Phonetik).

Redaktion: Corinna Hilger, Kathrin Sokolowski

Illustration: Marc Rueda, Niederkirchen
Ulla Mersmeyer, Berlin (Cover, S. 4, 7, 10, 20: A8, 24, 25, 26: A9, 28: A3 teilw., 36, 38: A1b, 39: A6, 40: A7a, 8/14/22/28/36/42/50/56: Hund, Sticker: Kleine Pause 3)
Umschlaggestaltung und Layoutkonzept: Rosendahl Berlin, Agentur für Markendesign
Layout und technische Umsetzung: Marina Goldberg, Berlin

Weitere Materialien und Informationen zur Lehrwerksreihe prima Los geht's! finden Sie unter:
www.cornelsen.de sowie
www.cornelsen.de/daf-schule

2. Auflage, 2. Druck 2025

Alle Drucke dieser Auflage sind inhaltlich unverändert und können im Unterricht nebeneinander verwendet werden.

© 2018 Cornelsen Verlag GmbH, Mecklenburgische Str. 53, 14197 Berlin, E-Mail: service@cornelsen.de

Das Werk und seine Teile sind urheberrechtlich geschützt.
Jede Nutzung in anderen als den gesetzlich zugelassenen Fällen bedarf
der vorherigen schriftlichen Einwilligung des Verlages.
Hinweis zu §§ 60a, 60b UrhG: Weder das Werk noch seine Teile dürfen ohne eine solche
Einwilligung an Schulen oder in Unterrichts- und Lehrmedien (§ 60b Abs. 3 UrhG)
vervielfältigt, insbesondere kopiert oder eingescannt, verbreitet oder in ein Netzwerk eingestellt
oder sonst öffentlich zugänglich gemacht oder wiedergegeben werden. Dies gilt auch
für Intranets von Schulen und anderen Bildungseinrichtungen.

Der Anbieter behält sich eine Nutzung der Inhalte für Text- und Data-Mining im Sinne § 44b UrhG ausdrücklich vor.

Soweit in diesem Lehrwerk Personen fotografisch abgebildet sind und ihnen von
der Redaktion fiktive Namen, Berufe, Dialoge und Ähnliches zugeordnet oder diese Personen
in bestimmte Kontexte gesetzt werden, dienen diese Zuordnungen und Darstellungen
ausschließlich der Veranschaulichung und dem besseren Verständnis des Inhalts.

Druck: Athesiadruck GmbH, Bozen

ISBN: 978-3-06-520627-3

Inhalt

 1 Ich und du — Seite 4

 5 Meine Woche — Seite 32

 2 Meine Freunde — Seite 10

 6 Das esse ich gern — Seite 38

Kleine Pause 1 — Seite 16

Kleine Pause 3 — Seite 44

 3 Meine Schulsachen — Seite 18

 7 Meine Familie — Seite 46

 4 Meine Schule — Seite 24

 8 Mein Lieblingstier — Seite 52

Kleine Pause 2 — Seite 30

Kleine Pause 4 — Seite 58

Grammatik im Überblick — Seite 60

Lösungen zu „Was kann ich?" — Seite 63

---

2 Du hörst eine **Audioaufnahme**.   *Hör zu.*

  Du schreibst Texte für dein **Portfolio**.   *Schreib in dein Heft.*

  Du machst eine **Phonetik**-Übung.   *Hör zu und sprich nach.*

  Du hörst ein **Lied**.   *Hör zu und sing mit.*

1 | Ich und du

1 Auf dem Schulhof
a Was sagen die Personen? Ordne 1–4 zu.

1 Bis später!   2 Ja!   3 Guten Morgen, Frau Becker!   4 Tschüs!

Hey, spielst du Basketball?

Guten Morgen, Herr Müller!

1

Lukas _____   _____ _____

b Wer ist das? Ergänze die Namen der Kinder in 1a.

Lotte   Lukas   Mia   Emil

2 Herzlich willkommen!
Ordne den Dialog wie im Buch auf Seite 10. Wie heißt die Lösung?

S ☐ ■ Ich bin Tom.   L ☐ ▲ Ich bin Herr Müller!   K 1 ▲ Guten Morgen!

A ☐ ▲ Wer bist du?   S ☐ ■ Guten Morgen!

E ☐ ▲ Herzlich willkommen, Tom!

K					
1	2	3	4	5	6

🗣 2 **3** Guten Morgen! Hör zu. Markiere die laute Silbe.

Guten Mor gen! ◉ Wie geht's? ◉ Prima, danke! ◉ Bis später! ◉ Tschüs! Viel Spaß!

4 vier

4 Wie heißt du?

a Ergänze die Wörter.

Ich b_____ Maria.
Und wie h_____ du?

Ich h_____ Ali.

Ich h_____ Ben.
Und wie heißt du?

Ich h_____ Moritz.

Woher k_____ du?

Ich k_____ aus Köln.

b Hör zu. Was hörst du? Kreuze (✗) an.

1 ☐ Hallo, ich bin Tina.   ☐ Hallo, ich heiße Tina.
2 ☐ Ich bin Peter und du?   ☐ Ich bin Peter. Und wie heißt du?
3 ☐ Ich komme aus Berlin.   ☐ Ich wohne in Berlin.

5 Wohnst du jetzt hier?

a Hör zu und schreib die Frage richtig.

1 du kommst Woher ?   Woher kommst _____
2 du hier Wohnst ?   _____
3 Wie du heißt ?   _____

b Welche Antwort passt zu 1–3? Ordne zu.

[3] Ich heiße Nina.   ☐ Ich komme aus Hamburg.   ☐ Ja!

fünf 5

1 | Ich und du

6 Hobbys: Was machst du gern?

a Lies und ordne zu.

1 Ich spiele gern Tischtennis.   2 Ich spiele nicht gern Hockey.   3 Ich singe gern.
4 Ich spiele nicht gern Basketball.   5 Ich male nicht gern.   6 Ich schwimme gern.

b Ergänze die Buchstaben.

1 Ich singe g ___ ___ ___ .

2 Ich sch ___ ___ ___ ___ ___ gern.

3 Ich spiele gern B ___ ___ ___ ___ ___ ___ ___ ___ ___ .

4 Ich s ___ ___ ___ ___ ___ gern Hockey.

c Ergänze die Endungen.

1 Du schwimm [st] gern.

2 Du spiel [ ] gern Hockey.

3 Du mal [ ] gern.

4 Du sing [ ] gern.

d Verbinde die Punkte. Ergänze die Wörter.

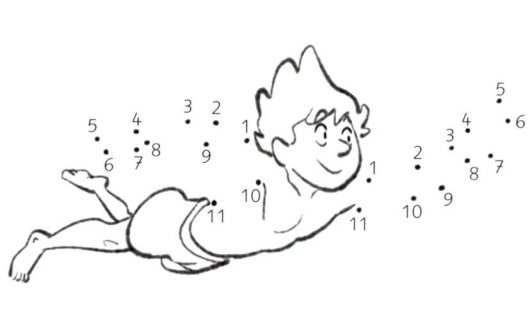

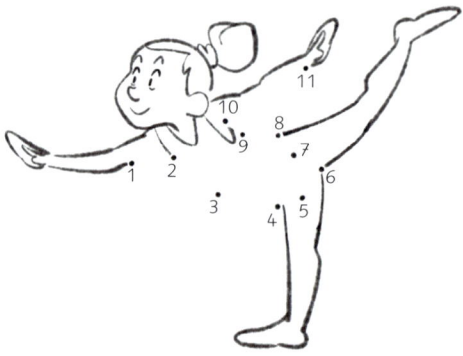

1 Du _____ .

2 Du _____ .

e Und was machst du gern? Schreib und mal.

sechs

🎵 5 **7** Was machst du gern? Hör zu und ordne das Lied.

1

Ich spiele gern Fußball.
Ich spiele gern.
Ich spiele gern Basketball.
Ich spiele gern.

○ Was machst du gern?
Was spielst du gern?
Was machst du gern?
Was spielst du gern?

○ Ich spiele gern Hockey.
Ich spiele gern.
Ich spiele gern Tennis.
Ich spiele gern.

○ Ich singe gern.
Ich tanze gern.
Ich schwimme gern.
Ich male gern.

8 Fragen und antworten

a Schreib Fragen.

| Wo ● Woher ● Wer | wohnen ● sein ● kommen | du ● ich | ? |

Wo wohnst du?

_____

b Schreib Sätze.

| Ich ●
Du | malen ● schwimmen ● tanzen | gern ● nicht gern | . |

Du malst gern.

_____

| Ich ●
Du | spielen | gern ●
nicht gern | Fußball ● Hockey ●
Tischtennis ● Basketball | . |

Ich spiele nicht gern Fußball.

_____

1 | Was kann ich?

Mach die Übungen. Kontrolliere auf Seite 63 und kreuze an:

😊 das kann ich gut   😐 das kann ich einigermaßen   ☹ das muss ich noch üben

1 Fragen und antworten Verbinde.

- Wie heißt du? ▲ In Bonn.
- Woher kommst du? ▲ Ich bin Anna.
- Wo wohnst du? ▲ Ich heiße Erik.
- Wer bist du? ▲ Aus Berlin.

2 Jemanden begrüßen und verabschieden Ergänze die Wörter.

1 • H_____, Anna, wie geht's? ▲ Klasse!

2 • Guten A_____, Frau Schmidt! ▲ Guten A_____, Herr Müller!

3 • Auf W_____, Herr Schmidt! ▲ T_____, Peter!

3 Grammatik Ergänze die Wörter.

1 Ich h_____ Emil.   Wie h_____ du?

2 Ich k_____ aus Berlin. Du k_____ aus Hamburg.

3 Ich schwimme gern.   Du schw_____ nicht gern.

Schülerbuch, Seite 15.

Meine Wörter

Fußball _____

Hockey _____

Tennis _____   • Ich spiele gern Tennis.

Tischtennis _____

Basketball _____

schwimme, schwimmst → _____
   schwimmen

spiele → spielen _____   • Ich spiele gern Hockey.

Meine Wörter | 1

was ▲ Was machst du gern?

mache, machst → machen

singe, singst → singen ● Ich singe gern.

tanze, tanzt → tanzen ■ Ich tanze gern.

male, malst → malen ▲ Ich male gern.

du ▲ Und wer bist du?

ich

bin, bist → sein *Ich bin Lukas.*

und

wer

wo ▲ Wo wohnst du?

wohne, wohnst → wohnen ■ Ich wohne in Berlin.

auch ▲ Ich wohne auch in Berlin.

woher ● Woher kommst du?

komme, kommst → kommen ■ Ich komme aus Köln.

● Wie geht's? ▲ Wie geht's?

schlecht ■ Schlecht.

gut ● Danke, gut!

danke

hallo ● Hallo, Mia!

tschüs *Tschüs, Emil.*

Guten Morgen/
 Tag/Abend!

Frau ▲ Guten Morgen, Frau Becker!

Herr ● Guten Tag, Herr Müller!

heiße, heißt → heißen ▲ Wie heißt du?
■ Ich heiße Moritz.

gern

nicht ▲ Ich male nicht gern.

ja

nein

cool

neun **9**

2 | Meine Freunde

1 Meine Freundin, mein Freund

a *Er* oder *sie*? Kreise Mädchennamen (rot) und Jungennamen (blau) ein.

Elias Lotte Ben Emilie Noah Finn
Anna er Lina sie Alina Moritz
Nele   Mia Max
Emil Lea Paul Marie Lukas

b Wer ist das? Ergänze die Sätze.

Das ist _____.
Er ist mein _____.

Das _____ Mia.
Sie _____.

2 So sind meine Freunde Schreib die passenden Wörter.

witzig _____ _____ _____

🗣 6 **3 Die Satzmelodie** Hör zu und zeichne die Satzmelodie.

Ich bin **Lu**kas.   Ich bin **sport**lich.

Das ist **Le**a.   Sie ist **wit**zig.

Das ist **E**mil.   Er ist **schlau**.

4 Sich vorstellen Schreib wie im Beispiel.

1 2 3 4

1 Das ist Luka. Er ist süß.
2 _____
3 _____
4 _____

sportlich   lustig
schlau   ~~süß~~

5 Was macht das Kind? Was passt zusammen? Verbinde.

Oskar spielt Computerspiele.

Leonie macht Karate.

Kim spielt Karten.

Aaron spielt Tennis.

6 Wer ist das?

a Lies und schreib wie im Beispiel.

Atrea
Berlin
8, sportlich
spielt gern Fußball
macht Karate

Das ist Atrea.
Er wohnt in Berlin.
Er ist 8 Jahre alt.
Er ist sportlich.
Er spielt gern Fußball und er macht Karate.

Lucia
Palermo
9, witzig
spielt gern Karten
tanzt nicht gern

 b Schreib über deinen Freund oder deine Freundin.

2 | Meine Freunde

7 Die Zahlen von 0 bis 12

7 a Was ist das? Hör zu und verbinde die Zahlen.

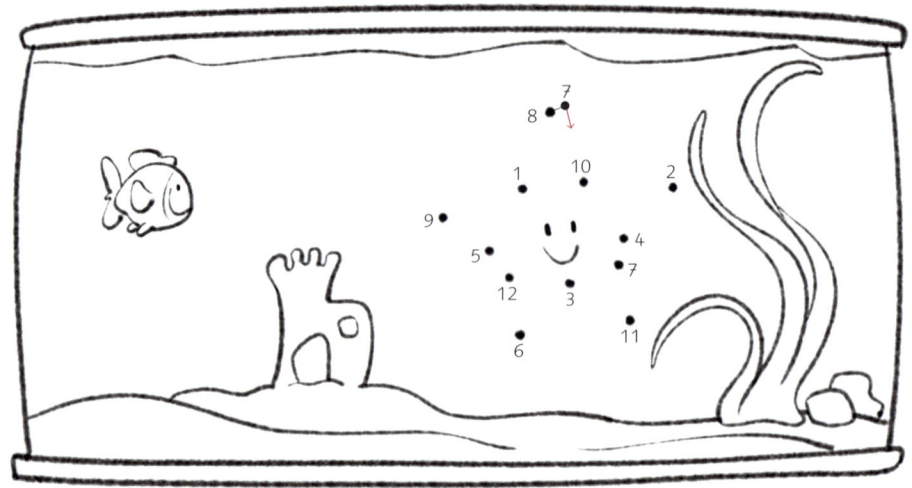

b Kreise die Zahlen ein.

8 Zahlen und Sport

a Wie viele … sind das? Schreib die Zahl.

sechs _____ _____ _____ _____

_____ _____ _____ _____ _____

b Wir rechnen. Lies, rechne und schreib die Zahl.

sieben − fünf = 2   sechs + zwei =   drei − zwei =

acht + drei =   sechs + drei =   sieben − zwei =

9 Wie alt bist du? Schreib Sätze.

1 ▲ Ich bin neun Jahre alt.

2 ▲ Ich _____

3 ▲ _____

4 ▲ _____

10 Schüler-Portraits Was ist richtig? Hör zu und kreuze an.

1 Das ist Lena.

Sie ist ☒ schlau. ☐ lustig.
Sie ist ☐ 7̶ ☐ 10 Jahre alt.
Sie ☐ lacht ☐ tanzt gern.

2 Das ist Max.

Er ist ☐ 8 ☐ 9 Jahre alt.
Er ☐ spielt gern Tennis. ☐ spielt gern Fußball.
Er ☐ ist süß. ☐ ist lustig.

11 Was macht er/sie gern oder nicht gern? Schreib Sätze.

1 ☹ Sie spielt nicht gern Gitarre.

2 ☺ _____

3 ☹ _____

4 ☺ _____

2 | Was kann ich?

Mach die Übungen. Kontrolliere auf Seite 63 und kreuze an:

🙂 das kann ich gut   😐 das kann ich einigermaßen   🙁 das muss ich noch üben

1 Fragen und antworten Ergänze den Text.

1 • _____ ist das?
▲ _____ Socke.

2 • _____ macht Leonie?
▲ Sie _____.

3 • _____ macht Aaron?
▲ Er _____.

4 • _____ alt bist du?
▲ _____ Jahre alt.

2 Freunde beschreiben Beschreib Hannes wie im Beispiel.

Imka

Das ist Imka. Sie ist 9 Jahre alt.
Sie macht Karate. Sie ist sportlich.

Das _____
_____
_____

Hannes

9 3 Zahlen bis 12 Welche Zahl hörst du? Schreib.

7						

4 Grammatik Was passt? Ergänze.

ich mache	du machst	er macht	sie macht
ich male	du malst	er	sie
ich spiele	du		
ich bin	du		

Schülerbuch, Seite 21.

14 vierzehn

Meine Wörter | 2

sie

meine

die Freundin,
　die Freundinnen

er

mein

der Freund, die Freunde

ist → sein

dein

der Hund, die Hunde

heißt → heißen

lieb

süß

schlau

lustig

witzig

sportlich

lacht → lachen

telefoniert → telefonieren

der Sport, nur. Sg.

richtig

falsch

alt

▲ Ich bin neun Jahre alt.

das Hobby, die Hobbys

der Computer, die Computer

lieben

sehr

▲ Sie ist meine Freundin.

▲ Das ist Tom. Er ist mein Freund.

■ Das ist Mia.

▲ Ist das dein Hund?
■ Ja. Mein Hund heißt Socke. Er ist lieb.

▲ Wie süß!
Tom ist schlau.

Sie ist sportlich.
Anne lacht gern.
Timo telefoniert.
Sie macht gern Sport.
● Wer ist das?
■ Das ist Kim.
▲ Ja, richtig.

▲ Wie alt bist du?
■ Ich bin auch neun Jahre alt.

● Mein Hobby ist der Computer.
▲ Ich liebe Basketball.
■ Ich spiele auch sehr gern Basketball.

fünfzehn **15**

1 | Kleine Pause

1 Was ist richtig **R**? Was ist falsch **F**? Markiere den richtigen Weg. Schau auf den Seiten im Schülerbuch.

Start

Tom kommt aus Hamburg. (S. 12) — R / F

Der Hund heißt Timo. (S. 17) — R / F

Mia ist sportlich. (S. 16) — R / F

Tom ist schlau. (S. 16) — R / F

Ich heiße Lukas. (S. 9) — R / F

Timo telefoniert. (S. 18) — R / F

Leonie spielt Tennis. (S. 18) — R / F

4 + 3 = sieben — R / F

Mia ist 10 Jahre alt. (S. 19) — R / F

Ziel

Kleine Pause | 1

2 Was sagen die Kinder? Schau die Bilder an und kleb die passenden Sticker ein.

3 Welches Kind ist das? Lies und kleb die passenden Sticker ein.

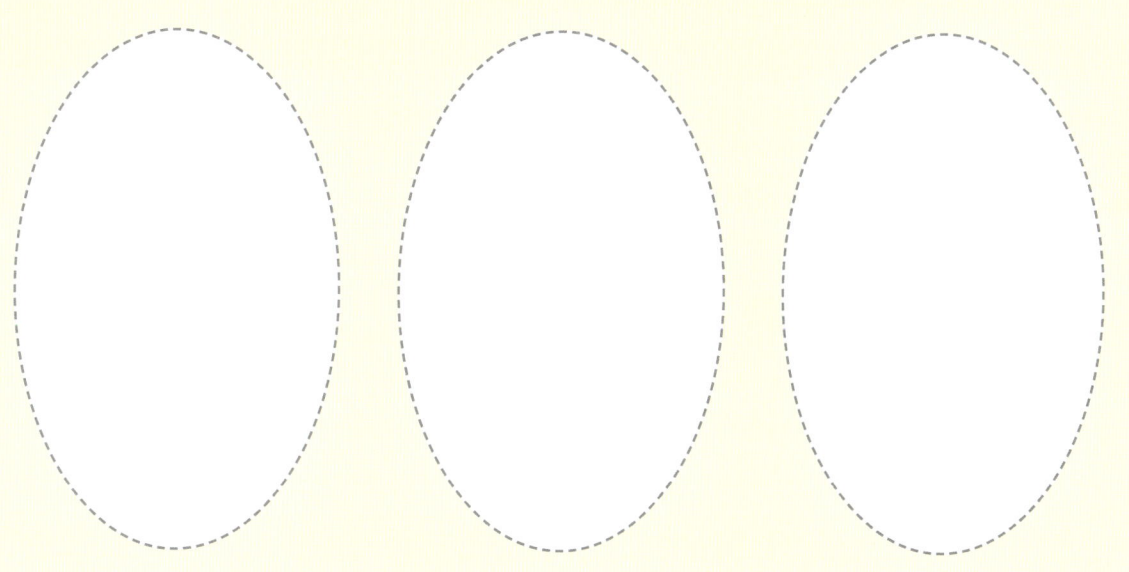

Das ist Jan.
Er ist sportlich.
Er macht Karate.

Das ist Linus.
Er ist cool.
Er spielt gern Tischtennis.

Das ist Nele. Sie ist witzig.
Sie singt gern.
Sie spielt Gitarre.

siebzehn 17

3 | Meine Schulsachen

1 Der Füller, die Tasche, das Buch

a Was passt zusammen? Ordne zu.

1 H	2	3	4	5	6	7	8
Buntstift	Schere	Füller	Lineal	Spitzer	Buch	Tasche	Heft

b *Der*, *die* oder *das* ? Kreise alle Bilder in a in der Artikel-Farbe ein.

c Löse das Kreuzworträtsel.

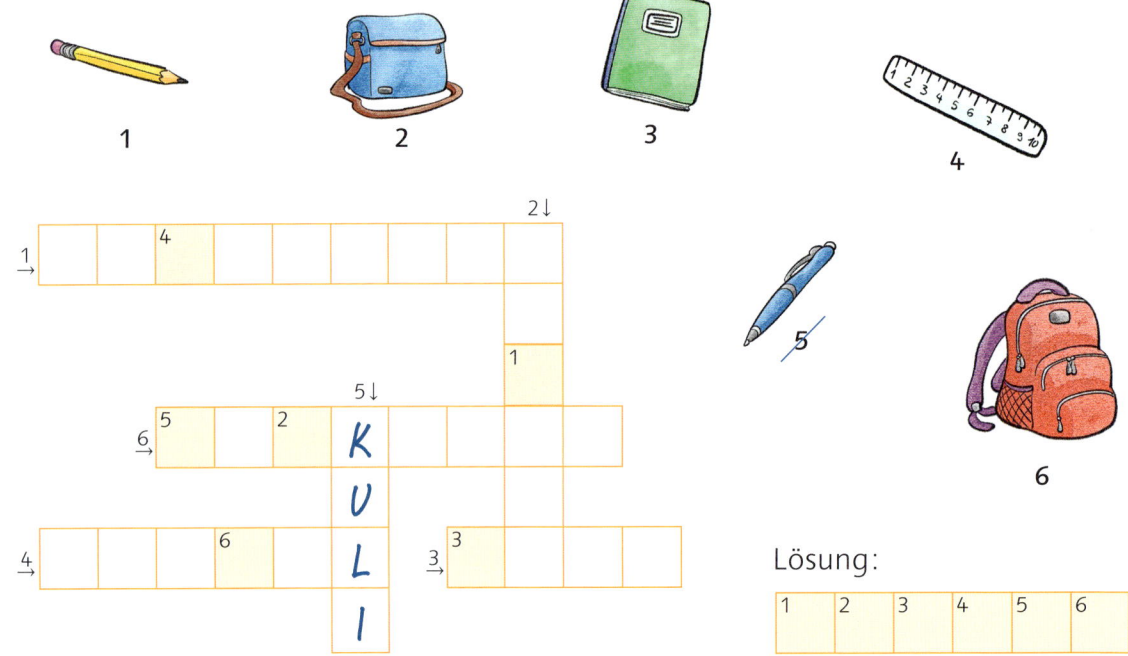

2 Schulsachen und Silben

a Schreib die Wörter in Silben.

1 der Radiergummi   Ra dier gum mi

2 der Buntstift   _____

3 die Federtasche   _____

4 die Schere   _____

5 das Lineal   _____

🔊 10 b Hör zu und markiere die betonte Silbe.

18   achtzehn

3   Ratespiel Was ist das? Schreib das Wort mit Artikel *der*, *die* oder *das*.

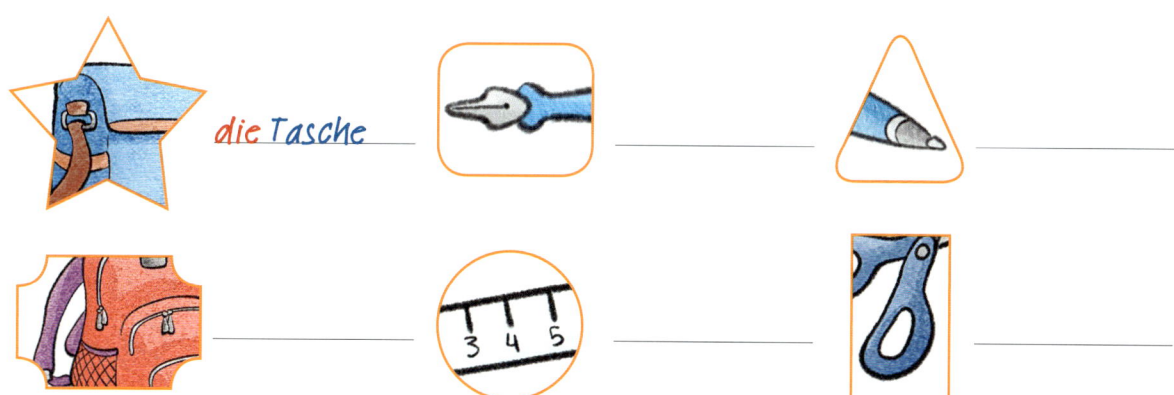

die Tasche

4   Viele Schulsachen Wie viele … siehst du? Schreib.

Hier sind zwei Federtaschen, drei

5   Die Füller, die Taschen, die Bücher …

11 **a**   Hör zu. Wie viele Kulis, … hat Mia?
Schreib die Zahlen.

b   Was ist in deiner Federtasche?
Mal und beschrifte deine Schulsachen.

3 | Meine Schulsachen

6 Das Alphabet Ergänze die Buchstaben.

7 Buchstabieren

12 **a** Hör zu und schreib die Wörter.

1 C Schere
2 ___ _____
3 ___ _____
4 ___ _____
5 ___ _____
6 ___ _____

b Ordne A–F in 7a zu.

A   B   C   D   E   F

13 **8 Wie schreibt man das?** Ordne den Dialog. Hör zur Kontrolle.

☐ ● Danke!
☐ ▲ Keine Ahnung. Das ist schwer.
☐ ■ Das ist leicht: R-U-C-K-S-A-C-K.
1 ● Wie schreibt man Rucksack?

20 zwanzig

9 Abc-Party Hör zu und ergänze die Buchstaben.

A B C D E F ___ H I   Das ist der Anfang deiner Abc-Party.
J ___ L M ___ O P ___ R Du lernst das Alphabet, wenn du gut zuhörst.
___ T U ___ W X Y   Sing auch noch einmal mit, so ist das
                         Alphabet perfekt.

Du kannst
A B C D ___ F G H I ___ K L M ___ O P – das Alphabet
Q R S ___ U V W ___ Y Z – perfekt!

Ich singe das Alphabet, du singst das Alphabet, sie singt das Alphabet,
er singt das Alphabet.

Z ___ X W V ___ T S R Q P ___ N M L K J I ___ G F E D ___ B A – jetzt
ist allen das Alphabet klar!

10 Suchbild Was kannst du benennen? Schreib in der Reihenfolge des Alphabets.

acht, Bücher,

3 | Was kann ich?

Mach die Übungen. Kontrolliere auf Seite 63 und kreuze an:

🙂 das kann ich gut   😐 das kann ich einigermaßen   ☹ das muss ich noch üben

1 Fragen und antworten Welche Antwort passt? Kreuze (✘) an.

1 ▲ Wie schreibt man das?
- ☐ • Das schreibt man …
- ☐ • Das ist der Kuli.
- ☐ • Das Abc.

2 ▲ Wo ist der Füller?
- ☐ • Ja, richtig.
- ☐ • Hier ist der Füller.
- ☐ • Hier sind die Füller.

3 ▲ Wo sind die Lineale?
- ☐ • Hier ist das Lineal.
- ☐ • Nein, falsch.
- ☐ • Hier sind die Lineale.

2 Etwas bewerten Ordne die passenden Sätze zu und schreib.

Das ist schwer. ◎ Das ist leicht.

 $6^2 \div \sqrt{7+13} =$

 $1+1=$

Das ist _____   Das _____

3 Das Alphabet Welche Buchstaben fehlen? Ergänze.

1 C _D_ E F __   3 M __ O P __   5 __ U V __ X

2 I J __ L __   4 Q __ S T   6 G __ I J

4 Grammatik Schreib die Schulsachen im Plural.

1 der Rucksack: *die Rucksäcke*   4 der Bleistift: *die* _____

2 das Heft: *die* _____   5 der Radiergummi: _____

3 der Buntstift: *die* _____   6 die Tasche: _____

Schülerbuch, Seite 29

Meine Wörter | 3

der Bleistift, die Bleistifte

der Kuli, die Kulis

der Kugelschreiber,
   die Kugelschreiber

der Füller, die Füller

der Radiergummi,
   die Radiergummis

der Rucksack,
   die Rucksäcke

die Schere, die Scheren

die Tasche, die Taschen

das Heft, die Hefte

das Lineal,
   die Lineale

das Buch, die Bücher

der Buntstift,
   die Buntstifte

die Federtasche,
   die Federtaschen

der Spitzer, die Spitzer

hier

sind → sein

schreibt → schreiben

man

Keine Ahnung.

schwer

leicht

▲ Wo ist der Bleistift?
■ Hier ist der Bleistift.
  Und wo ist der Kuli?
▲ Hier.

● Das ist mein Radier-
  gummi.

● Das ist mein Buch.
■ Hier sind drei
  Buntstifte.

▲ Wie schreibt man das?

■ Keine Ahnung.
  Das ist schwer.

▲ Wie schreibt man Heft?
■ Das ist leicht.
  H – E – F – T

dreiundzwanzig

4 | Meine Schule

1 Mias Schule Was passt zusammen? Verbinde.

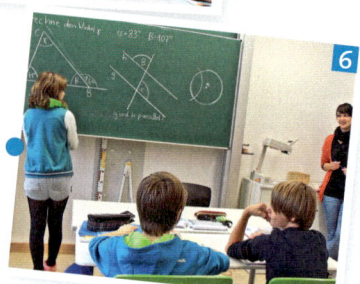

- Wir haben Musik.
- Das ist meine Klasse.
- Das ist die Turnhalle.
- Jetzt ist Pause.
- Hier haben wir Sachkunde.
- Mein Lieblingsfach ist Mathe.

2 Welches Schulfach ist das? Schreib die Wörter.

1  _____

2 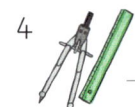 _____

3  _____

4  _____

5  _____

6  _____

7  _____

🔊 15 **3 Schulfächer mit Echo** Hör zu. Markiere die betonte Silbe. Sprich dann nach.

Mathema**tik** ◎ Musik ◎ Englisch ◎ Sachkunde

4 Was ist dein Lieblingsfach? Schreib einen Satz.

Mein _____

5 Ich mag Sport

a Ordne die passenden Wörter zu.

schwer ◎ c~~oo~~l ◎ langweilig ◎ blöd ◎ leicht ◎ toll

👍 _cool,_ _____

👎 _____

16 b Welches Fach mag das Kind? Hör zu und markiere.

1 Kunst 👍👎 3 Musik 👍👎 Mathematik 👍👎

2 Kunst 👍👎 Sport 👍👎 4 Deutsch 👍👎 Mathematik 👍👎

17 c Ergänze die Wörter. Hör zur Kontrolle.

Lieblingsfach ◎ super ◎ Magst ◎ langweilig ◎ mein ◎ mag ◎ ist ◎ du

1 ● _____ du Kunst?

▲ Ja, Kunst _____ toll.

Kunst ist _____ Lieblingsfach.

2 ● Echt? Mein _____

ist Mathe.

▲ Mathe? Ich mag Mathe nicht.

Mathe ist _____.

3 ● Magst _____ Sachkunde?

▲ Ja, ich _____ Sachkunde.

Sachkunde ist _____.

6 Magst du …? Schreib die Fragen und Antworten.

1 _Magst du Sport?_   😞 _Nein, ich mag Sport nicht._

2 _Magst_ _____   🙂 _Ja,_ _____

3 _____   😞 _____

4 _____   🙂 _____

4 | Meine Schule

7 **Lieblingsfächer in eurer Klasse**

a Was mögen die Kinder und was nicht? Ergänze.

Mathe, |||| |||| | Englisch ||
Sport ||| Kunst |||| |||| |||

🙂 Wir _____ Kunst und Mathe.

☹ _____ _____ Sport und Englisch _____.

8 **Wir haben Kunst** Was ist das? Schreib Sätze.

1 Das ist ein Heft.
2 _____
3 _____
4 _____
5 _____
6 _____

9 **Radiergummis, Buntstifte, Scheren?**

18 a Hör zu und sprich mit. Wie ist die Melodie am Ende? Trag ↘ oder ↗ ein.

	Melodie am Ende		Melodie am Ende
1	↗	5	
2		6	
3		7	
4		8	

b Schreib die Antworten.

1 Sind das Federtaschen?
Nein, das sind keine Federtaschen. Das sind Scheren.

2 Sind das Bleistifte?
_____

3 Sind das Scheren?
_____

4 Sind das Spitzer?
_____

10 Timos und Umas Schule

a Ergänze die Wörter.

wohne ○ Lieblingsfach ○ heißt ○ meine ○ super ○ ~~bin~~ ○ mag

Ich **bin** Timo.

Ich _____ in München.

Ich _____ meine Schule.

Das ist _____ Klasse.

Mein _____ ist Deutsch.

Meine Lehrerin _____ Frau Mendez. Sie ist _____ .

b Was sagt Uma? Lies und trag ein: richtig ✓ oder falsch ✗.

Ich heiße Uma.
Ich bin zehn Jahre alt.
Ich mag meine Schule.
Meine Lehrer sind toll.
Mein Lieblingsfach ist Sachkunde.
Ich mag Kunst, Musik und Sport.
Das ist meine Klasse.

1. Die Schule ist langweilig. ☐
2. Sie mag die Lehrer. ☐
3. Sie mag Sachkunde sehr gern. ☐
4. Umas Lieblingsfach ist Kunst. ☐
5. Sie mag Sport nicht. ☐

 ## 11 Schreib einen kleinen Text über deine Schule.

Wie heißt du? Wo ist deine Schule? Wer ist dein Lehrer/deine Lehrerin?
Was sind deine Lieblingsfächer?

4 | Was kann ich?

Mach die Übungen. Kontrolliere auf Seite 63 und kreuze an:

☺ das kann ich gut   😐 das kann ich einigermaßen   ☹ das muss ich noch üben

1 Fragen und antworten Schreib die Antworten.

1 • Magst du Sport?

   ▲ _____

2 • Was ist dein Lieblingsfach?

   ▲ _____

3 • Ist das ein Lineal?

   ▲ Nein, _____

2 Die Schule vorstellen Was sagt Mia? Ergänze.

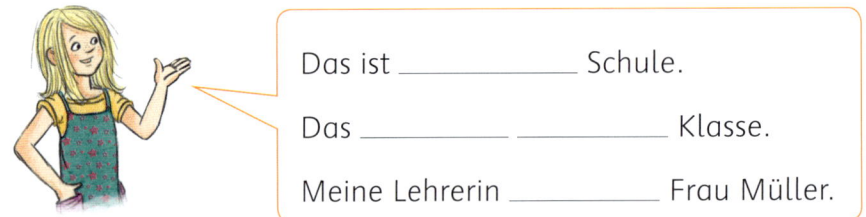

Das ist _____ Schule.

Das _____ _____ Klasse.

Meine Lehrerin _____ Frau Müller.

3 Über Schulfächer sprechen Was sagen die Kinder? Schreib.

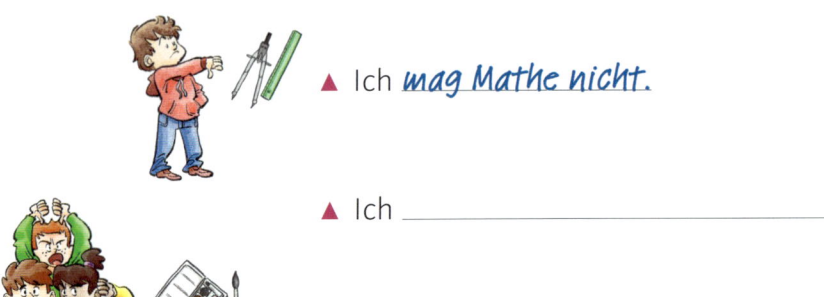

▲ Ich *mag Mathe nicht.*

▲ Ich _____.

▲ Wir _____.

4 Grammatik Markiere das richtige Puzzleteil.

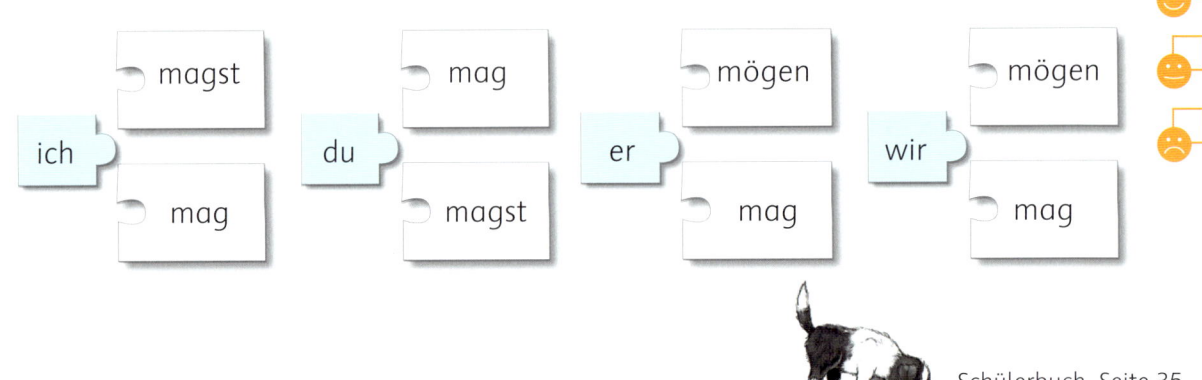

Schülerbuch, Seite 35.

Meine Wörter | 4

die Sch<u>u</u>le, die Schulen   ▲ Meine Schule ist super.

die P<u>au</u>se, die Pausen   ▲ Jetzt ist Pause.

der J<u>u</u>nge, die Jungen   ▲ Wir sind 11 Jungen
                                             und 12 Mädchen.
das M<u>ä</u>dchen, die Mädchen

w<u>i</u>r

h<u>a</u>ben → h<u>a</u>ben   ▲ Wir haben Musik.

die L<u>e</u>hrerin,   ▲ Die Lehrerin
   die Lehrerinnen   spielt gern Klavier.

der L<u>e</u>hrer, die Lehrer

das L<u>ie</u>blingsfach,   ▲ Was ist dein Lieblings-
   die Lieblingsfächer   fach?

Mus<u>i</u>k, nur Sg.

K<u>u</u>nst, nur Sg.   ■ Mein Lieblingsfach
                                              ist Kunst.

D<u>eu</u>tsch, nur Sg.   ▲ Mein Lieblingsfach
                                              ist Deutsch.

S<u>a</u>chkunde, nur Sg.

Mathemat<u>i</u>k (Mathe),   ▲ Magst du Mathematik?
   nur Sg.   ■ Nein. Sport ist mein
                                               Lieblingsfach.
<u>E</u>nglisch, nur Sg.   ▲ Echt? Ich mag Englisch.

t<u>o</u>ll   • Sport ist toll.

l<u>a</u>ngweilig   • Mathematik ist lang-
                                               weilig.
bl<u>ö</u>d

m<u>a</u>g, m<u>a</u>gst, m<u>a</u>g → m<u>ö</u>gen

<u>ei</u>n, <u>ei</u>ne   ▲ Ist das ein Bleistift?

k<u>ei</u>n, k<u>ei</u>ne   ■ Nein, das ist kein
                                              Bleistift. Das ist ein Kuli.

sind → s<u>ei</u>n   ▲ Sind das Hefte?

                                             ■ Nein, das sind keine
                                               Hefte, das sind Bücher.

neunundzwanzig **29**

2 | Kleine Pause

1 Wie heißen die Schulsachen?
Kreise 12 Wörter im Wörtergitter ein.

M	N	B	U	N	T	S	T	I	F	T	R	D	F
O	Z	I	R	L	P	D	U	G	Ä	H	C	F	A
R	U	Z	S	C	H	E	R	E	O	J	C	D	R
U	I	B	X	K	E	G	G	F	Ä	T	V	B	A
C	B	A	Ü	C	F	X	O	K	Y	A	X	L	D
K	L	K	S	H	T	B	M	J	X	S	L	K	I
S	E	I	P	Ö	X	H	O	B	U	C	H	F	E
A	I	K	I	H	J	M	J	D	F	H	P	J	R
C	S	I	T	O	C	F	Ü	L	L	E	R	H	G
K	T	O	Z	Ö	Y	O	H	I	Ö	P	N	M	U
Ü	I	L	E	P	B	G	H	N	K	F	J	D	M
L	F	I	R	J	Ä	J	B	E	D	S	N	D	M
J	T	O	Y	H	F	Y	S	A	S	K	U	L	I
P	Ü	G	G	X	H	B	F	L	Ä	Ö	M	J	M

Kleine Pause | 2

2 Welche Schulfächer mögen die Kinder? Kleb die passenden Sticker ein.

einunddreißig 31

5 | Meine Woche

1 Was machst du heute?
19 Zeichne die Linien nach. Hör zur Kontrolle.

Montag
Dienstag
Mittwoch
Donnerstag
Freitag
Samstag und Sonntag

2 Die Wochentage
20 Hör zu und markiere die betonte Silbe.

am **Mon**tag ◉ am Dienstag ◉ am Mittwoch ◉ am Donnerstag ◉

am Freitag ◉ am Samstag ◉ am Sonntag

3 Eine Woche
Kreise die Wörter ein und schreib sie. Welcher Tag fehlt?

P	M	O	N	T	A	G	P	P	S
U	D	Z	O	T	Z	R	I	U	O
M	I	T	T	W	O	C	H	A	N
S	E	Y	N	U	A	F	T	U	N
O	N	G	L	R	O	A	I	O	T
M	S	W	O	D	K	L	W	H	A
M	T	O	F	R	E	I	T	A	G
S	A	M	S	T	A	G	U	C	B
N	G	B	G	H	M	L	R	I	D

Montag
_____
_____
_____
_____
_____

Es fehlt:
_____

4 Der Wochenplan
Was macht der Junge in Aufgabe 1? Schau nach und schreib in dein Heft.

1 Am Montag lernt er.
2 Am Dienstag kommt …

zweiunddreißig

5 Hobbys

a Trenne die Wörter.

KLAVIER|GEHENMUSIKSEHENRADSPIELENFREUNDEFAHRENCOMICSHÖRENINSKINOLESENFILMETREFFEN

b Was passt zusammen? Zeichne die Linien nach.

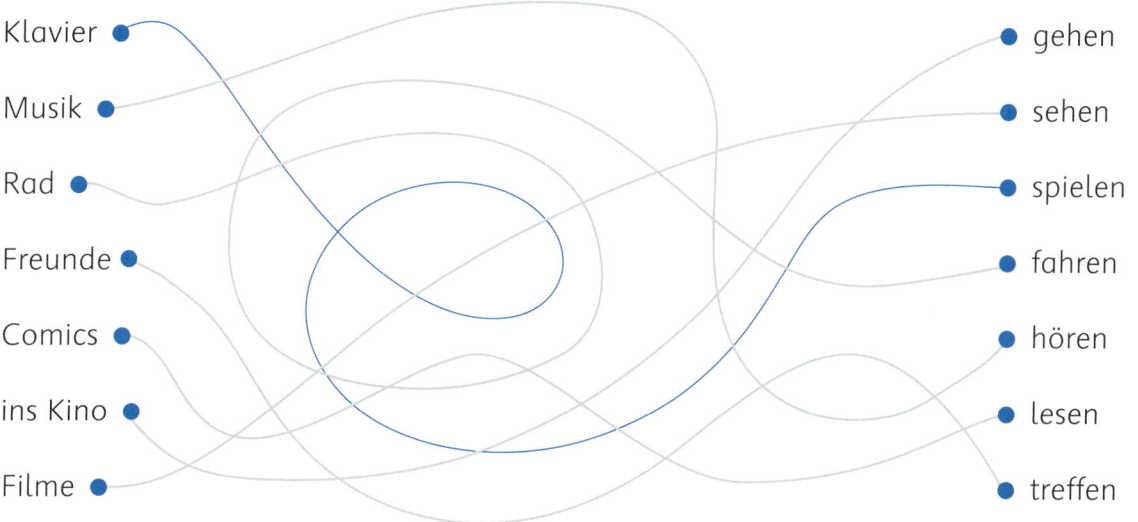

Klavier — spielen
Musik — hören
Rad — fahren
Freunde — treffen
Comics — lesen
ins Kino — gehen
Filme — sehen

c Was macht Anna gern? Schreib die Fragen und die Antworten.

1 *Anna, liest du gern Comics?*   Nein, ich lese nicht gern Comics.

2 *Hörst* _____ ?   Ja, ich höre gern Musik.

3 _____ ?   Ja, ich gehe gern ins Kino.

4 Fährst du gern Rad?   *Nein,* _____.

5 Triffst du gern Freunde?   *Ja,* _____.

5 | Meine Woche

6 Wochenpläne

21 a Was macht Ben? Hör zu und ergänze.

Comics lesen ◉ ~~Sport: Karate~~ ◉ Rad fahren ◉ ins Kino gehen ◉ Hockey spielen

Montag	Dienstag	Mittwoch	Donnerstag	Freitag
Sport: Karate	___ ___	___ ___	___ ___	___ ___

b Was macht Ben?
Schreib Sätze in dein Heft.

Am Montag macht Ben Karate.

 c Und du? Was machst du am Montag, am Dienstag, am Mittwoch, …?
Schreib und mal Bilder dazu.

7 Machen wir zusammen Hausaufgaben?

a Ordne den Dialog. Wie heißt die Lösung?

L ☐ Nein, ich habe keine Zeit.   T **1** Schauen wir Filme?

L ☐ Am Mittwoch.   O ☐ Wann?

T			
1	2	3	4

b Was passt? Ergänze.

habe ◉ das geht ◉ Gehen ◉ Machen

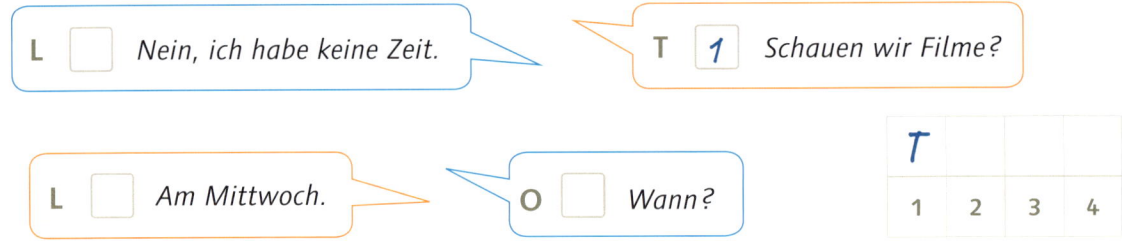

_____ wir am Samstag zusammen Hausaufgaben?

_____ wir am Freitag ins Kino?

Nein, ich _____ keine Zeit.

Ja, _____.

8 Am Wochenende

22 Lies und ergänze die Wörter. Hör zur Kontrolle.

Was machst du am Wochenende?
Was tust du am Wochenende?
Was machst du am Wochenende?
Was tust du?
Was machst du?

Montag, jeden Montag – H_____.
Dienstag, jeden Dienstag – Hausaufgaben.

Mittwoch, jeden Mittwoch – O_____ und O_____ b_____.
Donnerstag und Freitag – wieder Hausaufgaben.
Doch dann ist Wochenende, Wochenende, Wochenende, Wochenende!

Montag, jeden Montag – Hausaufgaben.
Dienstag, jeden Dienstag – Hausaufgaben.

Mittwoch, jeden Mittwoch – K_____ s_____.
Donnerstag und Freitag – wieder Hausaufgaben.
Doch dann ist Wochenende, Wochenende, Wochenende, Wochenende!

9 Mein Wochenende

Was machen die Kinder am Wochenende? Ergänze.

1 Bastian _____ Rad.

2 Tim _____ Comics.

3 Lotte _____.

4 Eva und Ole _____ Oma und Opa.

5 Lotte _____ Klavier.

6 Nina _____.

5 | Was kann ich?

Mach die Übungen. Kontrolliere auf Seite 63 und kreuze an:

😊 das kann ich gut   😐 das kann ich einigermaßen   ☹ das muss ich noch üben

1 Über die Woche sprechen Korrigiere die markierten Wörter.

1 Am Montag ~~mache~~ *spiele* ich Klavier.

2 Am Dienstag kommt meine Freundin Tanja. Wir besuchen ins Kino.

3 Am Mittwoch spiele ich Comics.

4 Am Donnerstag lesen mein Freund und ich Basketball.

5 Am Freitag und am Wochenende singe ich Freunde.

2 Fragen und antworten Schreib die Antwort und die Frage.

1 ● Spielst du gern Klavier?

   ▲ Ja, _____.

2 ● _____?

   ▲ Ja, ich fahre gern Rad.

3 Sich verabreden Ergänze.

ich habe keine ◎ das geht ◎ wir am Montag

1 ● Lernen wir am Wochenende Deutsch?   ▲ Ja, _____.

2 ● Spielen _____ Tennis?   ▲ Nein, ich habe keine Zeit.

3 ● Gehen wir am Samstag ins Kino?   ▲ Nein, _____ Lust .

4 Grammatik Was passt? Ergänze.

ich	treffe		fahre	habe	treffen	liest
du	liest	fährst	siehst		lese	triffst
er/sie	trifft	hat		trifft		
wir		lesen	fahren	sehen		

Schülerbuch, Seite 43.

Meine Wörter | 5

der Montag, die Montage
der Dienstag, die Dienstage
der Mittwoch, die Mittwoche
der Donnerstag,
   die Donnerstage
der Freitag, die Freitage
der Samstag, die Samstage
der Sonntag, die Sonntage

lernen

besuchen

die Oma, die Omas

der Opa, die Opas

lese, liest → lesen

der Comic, die Comics

treffe, triffst → treffen

fahre, fährst → fahren

das Rad, die Räder

der Film, die Filme

hören

gehen

das Kino, die Kinos

Lust haben

die Zeit, die Zeiten

schade

zusammen

wann

● Das geht.

das Wochenende,
   die Wochenenden

▲ Am Montag habe ich Karate.

▲ Was macht Lukas am Dienstag?
■ Am Dienstag spielt er Fußball.

▲ Am Freitag lerne ich.

▲ Am Sonntag besuche ich Oma und Opa.

▲ Liest du gern Comics?
■ Ja, ich lese gern Comics.

▲ Triffst du gern Freunde?
■ Ja!

▲ Ich fahre gern Rad.

▲ Ich sehe gern Filme.

▲ Ich höre gern Musik.

▲ Gehen wir am Freitag ins Kino?

■ Nein, ich habe keine Lust.
● Nein ich habe keine Zeit.
▲ Schade.

▲ Am Samstag gehen wir zusammen ins Kino.
▲ Wann machen wir Hausaufgaben? Am Mittwoch?
■ Ja, das geht.
● Was machst du am Wochenende?

siebenunddreißig

6 | Das esse ich gern

1 Eine Eisdiele

a Was passt? Ordne zu.

C	☐	☐	☐	☐
die Kiwi	die Erdbeere	die Zitrone	die Schokolade	das Eis

23 **b** Hör zu und lies mit. Was passt? Ergänze 1–5.

1

▲ Schau mal, eine 3 !

■ Eis, lecker!

▲ Magst du Erdbeereis?

■ Ich liebe ☐ . Und du?

▲ Ich auch, aber mein Lieblingseis ist ☐ .

2

■ Komm mit!

    Eine Kugel ☐ bitte!

● Hier, bitte. Und du?

▲ Zwei Kugeln ☐ , bitte!

2 Eissorten und lange Vokale

24 Hör zu. Markiere den langen Vokal im Wort. Sprich dann nach.

Schokol**a**deneis   Maracujaeis   Kiwieis   Zitroneneis

4 Das Frühstück Löse das Kreuzworträtsel.

5 Nahrungsmittel und lange Vokale

25 Hör zu. Markiere den langen Vokal im Wort. Sprich dann nach.

das Brot ◎ das Brötchen ◎ der Käse ◎ die Marmelade ◎ der Honig ◎ das Müsli

6 Wer isst und wer trinkt was zum Frühstück?

a Was passt: essen oder trinken? Ergänze die Wörter.

esse ◎ i̶s̶s̶t̶ ◎ isst ◎ trinke ◎ trinkst

1 ● Tom, was ___isst___ du gern zum Frühstück?
　▲ Ich _____ gern Brötchen mit Marmelade.

2 ● Mia, was _____ du gern?
　▲ Ich _____ gern Apfelsaft.

3 Emil _____ gern Süßigkeiten. Und du?

 b Was isst und trinkst du zum Frühstück? Schreib und mal.

neununddreißig **39**

6 | Das esse ich gern

7 Wir haben Pause

a Was essen Lotte und Lukas *sehr gern*, *gern* oder *nicht gern*?
Zeichne die Linien nach.

b Ergänze.

1 Lotte isst sehr gern .	2 Lukas trinkt .
Sie isst Erdbeeren.	Er isst .
Sie trinkt nicht gern .	Er isst .

c Was essen und trinken die Kinder? Verbinde.

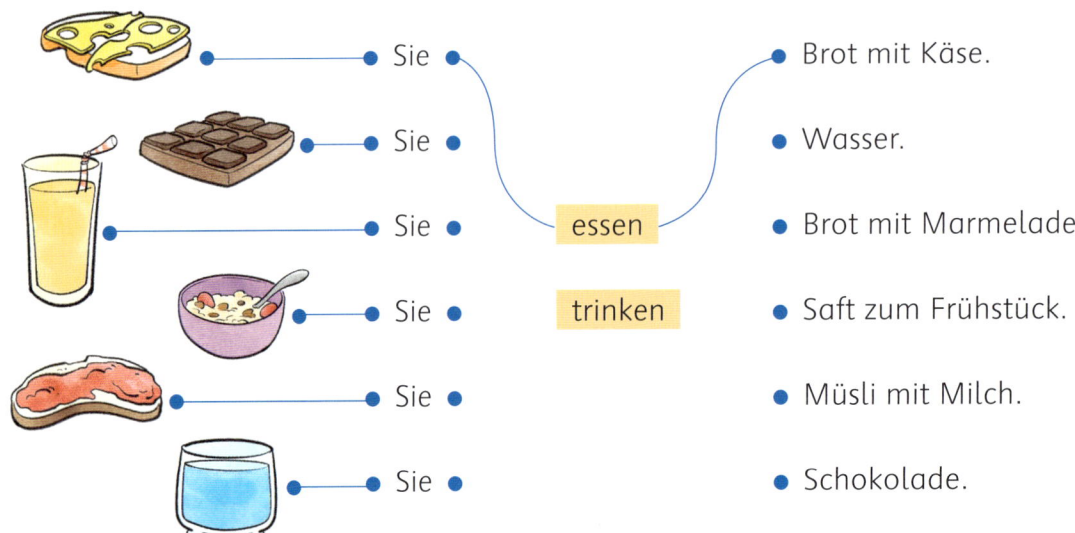

vierzig

8 Ein Gedicht
Erkennst du die Wörter in den Bildern? Mal weitere Wortbilder.

9 Essen und Trinken
26 **a** Hör zu. Was ist richtig? Kreise ein.

1 Josephine isst gern

2 Anne isst gern

3 Matteo trinkt

4 Carlo trinkt gern

b Was essen und trinken die Kinder *sehr gern*, *gern* oder *nicht gern*? Schreib die Antworten.

Was esst ihr sehr gern?			Wir essen sehr gern Brot mit Marmelade.
Was esst ihr gern?			Wir _____
Was esst ihr nicht gern?			_____
Was trinkt ihr sehr gern?			_____
Was trinkt ihr nicht gern?			_____

6 | Was kann ich?

Mach die Übungen. Kontrolliere auf Seite 63 und kreuze an:

🙂 das kann ich gut   😐 das kann ich einigermaßen   🙁 das muss ich noch üben

1 Eis bestellen Schreib die Sätze.

• _Eine_ _____
▲ Hier, bitte.

• _____
▲ Hier, bitte.

2 Sagen, was ich zum Frühstück esse und trinke Ergänze die Wörter.

Saft ◎ Brötchen ◎ Marmelade ◎ Milch

Ich esse zum Frühstück _____ mit _____.

Ich trinke zum Frühstück _____ oder _____.

3 Sagen, was ich *sehr gern*, *gern* und *nicht gern* esse und trinke
Schreib die Sätze.

🙂 Ich esse _____

🙂 Ich _____

🙁 Ich _____

4 Grammatik Was passt? Ergänze die Wörter.

• Was _____ du gern?
▲ Ich _____ gern Apfelsaft.

• Was _____ du gern?
▲ Ich _____ gern Schokolade.

trinkst   esse
isst   trinke

Schülerbuch, Seite 49.

42 zweiundvierzig

Meine Wörter | 6

das Eis, nur Sg. ‎ ▲ Ich liebe Eis.

die Schokolade,
 die Schokoladen

die Erdbeere, die Erdbeeren

die Zitrone, die Zitronen

aber

bitte ‎ ▲ Hier, bitte. Dein Eis.

das Brot, die Brote

das Brötchen, die Brötchen

der Käse, nur Sg.

die Butter, nur. Sg.

der Honig, nur Sg. ‎ ▲ Magst du Honig?
‎ ■ Ja, lecker.

die Marmelade

das Müsli, die Müslis

das Wasser, nur Sg.

der Tee, nur Sg.

die Milch, nur Sg.

der Kakao, nur Sg.

der Saft, die Säfte

essen, er/sie isst ‎ ▲ Was isst du zum Frühstück?

das Frühstück, nur Sg. ‎ ■ Ich esse Brot mit Käse.

trinken ‎ ▲ Was trinkst du zum Frühstück?

oder ‎ ■ Ich trinke gern Tee oder Kakao.

ihr ‎ ▲ Was esst ihr gern?

sie, Pl. ‎ ▲ Was essen sie gern?

dreiundvierzig

3 | Kleine Pause

1 Was ist richtig? Wähle aus. Starte bei 1 und gehe zum jeweiligen Feld.

Start

1	2	3	4	5
Liest du gern … Comics? 10 Freunde? 15	Montag, Dienstag, Mittwoch, … Samstag 27 Donnerstag 18	Das ist falsch. ☹ Gehe zurück auf 10.	Sie hört Musik. 12 Sie trifft Freunde. 14	Das ist falsch. ☹ Gehe zurück auf 6.

6	7	8	9	10
Magst du Schokolade? Ja, lecker! 20 Nein, lecker! 5	Das ist falsch. ☹ Gehe zurück auf 16.	der Käse 16 die Butter 22	Das ist falsch. ☹ Gehe zurück auf 21.	der Saft 21 das Brötchen 3

11	12	13	14	15
Fährst du gern … Rad? 4 Karate? 25	Er sieht Filme. 23 Er spielt Klavier. 19	Was trinkst du zum Frühstück? Kakao 6 Brot 24	Das ist falsch. ☹ Gehe zurück auf 4.	Das ist falsch. ☹ Gehe zurück auf 1.

16	17	18	19	20
Gehen wir ins Kino? Nein, ich habe keine Lust. 28 Nein, das geht. 7	**Prima!** ☺ **ENDE**	das Müsli 29 das Brot 8	Das ist falsch. ☹ Gehe zurück auf 12.	Was isst er gern? Marmelade 11 Tee 30

21	22	23	24	25
Ich treffe gern Freunde. 13 Ich fahre Rad. 9	Das ist falsch. ☹ Gehe zurück auf 8.	der Honig 2 das Wasser 26	Das ist falsch. ☹ Gehe zurück auf 13.	Das ist falsch. ☹ Gehe zurück auf 11.

26	27	28	29	30
Das ist falsch. ☹ Gehe zurück auf 23.	Das ist falsch. ☹ Gehe zurück auf 2.	Spielst du gern … Klavier? 17 Gitarre? 17	Das ist falsch. ☹ Gehe zurück auf 18.	Das ist falsch. ☹ Gehe zurück auf 20.

Kleine Pause | 3

2 **Was machst du?** Lies und kleb die passenden Sticker ein.

Montag	Dienstag	Mittwoch	Donnerstag	Freitag	Wochenende
Schule	Schule	Schule	Schule	Schule	Ich besuche Oma und Opa. Wir gehen zusammen ins Kino.
Ich mache Hausaufgaben.	Ich mache Hausaufgaben.	Ich mache Hausaufgaben.	Ich mache Hausaufgaben.	Ich treffe meine Freundin. Wir spielen Computerspiele.	
Ich lese Comics.	Ich male.	Ich fahre Rad.	Ich spiele Klavier.		

3 **Was essen die Kinder zum Frühstück?** Lies und kleb die passenden Sticker ein.

Sie trinkt Wasser und isst Müsli zum Frühstück.

Er trinkt Tee und isst Käsebrot zum Frühstück.

Er trinkt Saft und isst Brötchen zum Frühstück.

fünfundvierzig **45**

7 | Meine Familie

1 Mias Familie
a Trenne die Wörter mit Strichen.

PAPA|SCHWESTERONKELCOUSINEOMABRUDER

b *Mein* oder *meine*? Was passt? Markiere orange oder grün.

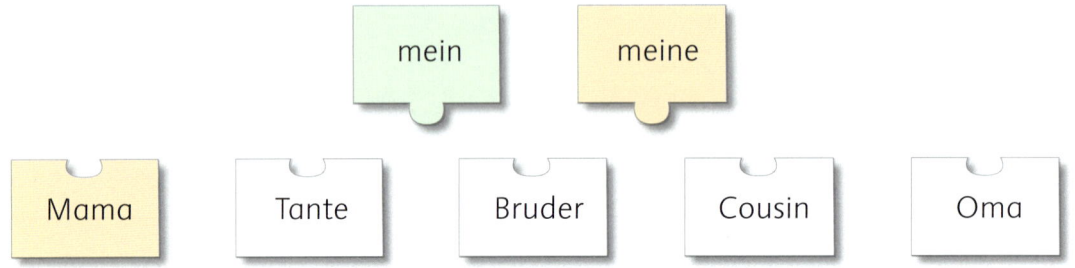

mein — meine

Mama • Tante • Bruder • Cousin • Oma

2 Familienmitglieder – der Wortakzent
a Hör zu und markiere die betonte Silbe.

die **Ma**ma ◉ der Papa ◉ die Oma ◉ der Opa ◉ die Tante ◉

der Onkel ◉ die Schwester ◉ der Bruder ◉ die Cousine ◉ der Cousin

b Hör noch einmal und sprich nach. Achte auf das lange *a* bei Mam**a**, Pap**a**, …

3 Wer ist das? Wer gehört zusammen? Verbinde.

Mama — die Großeltern — Schwester
Opa — die Eltern — Papa
Bruder — die Geschwister — Oma

4 Familienkette Wer passt dazu? Schreib.

die Oma und *der Opa* | der Onkel und _____ | der Cousin und _____

5 Familien beschreiben

28 a Was sagt Jan? Hör zu und ergänze A–F.

A sportlich   **B** Mama   **C** klein   **D** süß   **E** Bruder   **F** schlau

Meine Familie ist ☐. Meine ☐ heißt Tanja. Mein Papa ist ☐.

Mein ☐ heißt Leon. Er ist ☐. Unser Hund Chico ist ☐.

b Ergänze *eine*, *einen* oder *keine*, *keinen*.

Ben hat **eine** Schwester. Er hat **keinen** Bruder.

Susan hat _____ Oma. Sie hat _____ Opa.

Marie hat _____ Hund. Sie hat _____ Katze.

Nils hat _____ Cousine. Er hat _____ Cousin.

Nele hat _____ Mama. Sie hat _____ Papa.

Kai hat _____ Geschwister.

6 Meine Familie Schreib über deine Familie.

Wie heißen deine Familienmitglieder? Hast du Geschwister? Was machen sie gern?

7 | Meine Familie

7 Zahlen von 13 bis 20

29 a Welche Zahl hörst du? Kreuze (✗) an.

1 16 ☐   17 ☐   19 ☐   4 15 ☐   20 ☐   10 ☐
2 15 ☐   16 ☐   20 ☐   5 14 ☐   15 ☐   16 ☐
3 13 ☐   14 ☐   18 ☐   6 17 ☐   18 ☐   19 ☐

b Welche Zahl ist das? Markiere.

1 vierzehn
   fünfzehn
   dreizehn

4 achtzehn
   dreizehn
   vierzehn

2 neunzehn
   dreizehn
   sechzehn

5 zwölf
   zehn
   zwanzig

3 fünzehn
   neunzehn
   achtzehn

6 neunzehn
   siebzehn
   achtzehn

c Schreib die Zahlen. Welche Zahl ist das Lösungswort?

17   s i e b z e h n
19   ☐☐☐☐☐☐☐☐
18   ☐☐☐☐☐☐☐
14   ☐☐☐☐☐☐☐☐
13   ☐☐☐☐☐☐☐
15   ☐☐☐☐☐☐☐☐
16   ☐☐☐☐☐☐☐
20   ☐☐☐☐☐☐

Lösung: _____

48 achtundvierzig

8 Was passt zusammen?
Verbinde Frage und Antwort.

Hast du Geschwister? • • In München.

Ist das deine Schwester? • • Sie ist 14.

Wo wohnen deine Großeltern? • • Ja, ich habe einen Bruder.

Hat Mike einen Bruder? • • Nein, das ist meine Tante.

Wie alt ist deine Cousine? • • Er schwimmt gern.

Was macht dein Papa gern? • • Nein, er hat eine Schwester.

9 Fantasiefamilien

a Hör zu und lies die Texte mit.

30

1 Das ist meine Mama. Sie heißt Lena und sie liest gern. Mein Papa heißt Marco. Er ist sehr lieb. Wir spielen oft Fußball zusammen.

2 Das ist meine Schwester. Sie heißt Nadia. Sie schwimmt sehr gut.

3 Und das ist mein Bruder. Er heißt Alex. Er spielt auch gern Fußball.

4 Mein Opa und meine Oma wohnen in Hamburg. Meine Oma Renate ist nett. Wir spielen und singen zusammen.

5 Wir haben auch einen Hund. Er heißt Bello. Bello ist süß.

b Ordne die Bilder den Texten in 9a zu.

A

B

C

D

E

7 | Was kann ich?

Mach die Übungen. Kontrolliere auf Seite 63 und kreuze an:

😊 das kann ich gut   😐 das kann ich einigermaßen   ☹ das muss ich noch üben

1 Die Familie vorstellen Ergänze die Familienmitglieder.

1 mein P_____   meine M_____

2 mein B_____   meine S_____

3 mein O_____   meine O_____

2 Deine Familie beschreiben Schreib 4 Sätze.

| eine ● keine | | Oma. ● Schwester. ● Tante. ● Cousine. |

Ich habe _____   Ich habe _____

| Onkel ● Opa ● Bruder ● Cousin | ist | sportlich. ● nett. ● lustig. |

Mein _____   Mein _____

3 Zahlen bis 20 Ergänze die Zahlen.

1 _zwölf_____ – dreizehn – _____ – fünfzehn

2 fünfzehn – _____ – siebzehn – achtzehn – _____

3 _____ – achtzehn – neunzehn – _____

4 Grammatik Schreib die Frage und die Antwort.

1 ● _____?

▲ Ja, ich habe eine Schwester.

2 ● Hast du einen Bruder?

▲ Nein, _____.

Schülerbuch, Seite 57.

Meine Wörter | 7

die Eltern, nur Pl. _____ ▲ Das sind meine Eltern.

die Mama, die Mamas _____

der Papa, die Papas _____

der Bruder, die Brüder _____

die Großeltern, nur Pl. _____

die Tante, die Tanten _____

der Onkel, die Onkels _____

die Cousine,
   die Cousinen _____

der Cousin, die Cousins _____

die Schwester,
   die Schwestern _____

das Baby, die Babys _____

die Katze, die Katzen _____ ▲ Meine Katze ist total verrückt.

total _____

verrückt _____

die Familie, die Familien _____ ▲ Meine Familie ist groß.

groß _____

die Geschwister, nur Pl. _____ ▲ Ich habe keine Geschwister.

das Problem,
   die Probleme _____ ▲ Das ist kein Problem.

das Kind, die Kinder _____ Die Kinder heißen Maria und Moritz.

8 | Mein Lieblingstier

1 Auf dem Bauernhof
a Was passt zusammen? Verbinde.

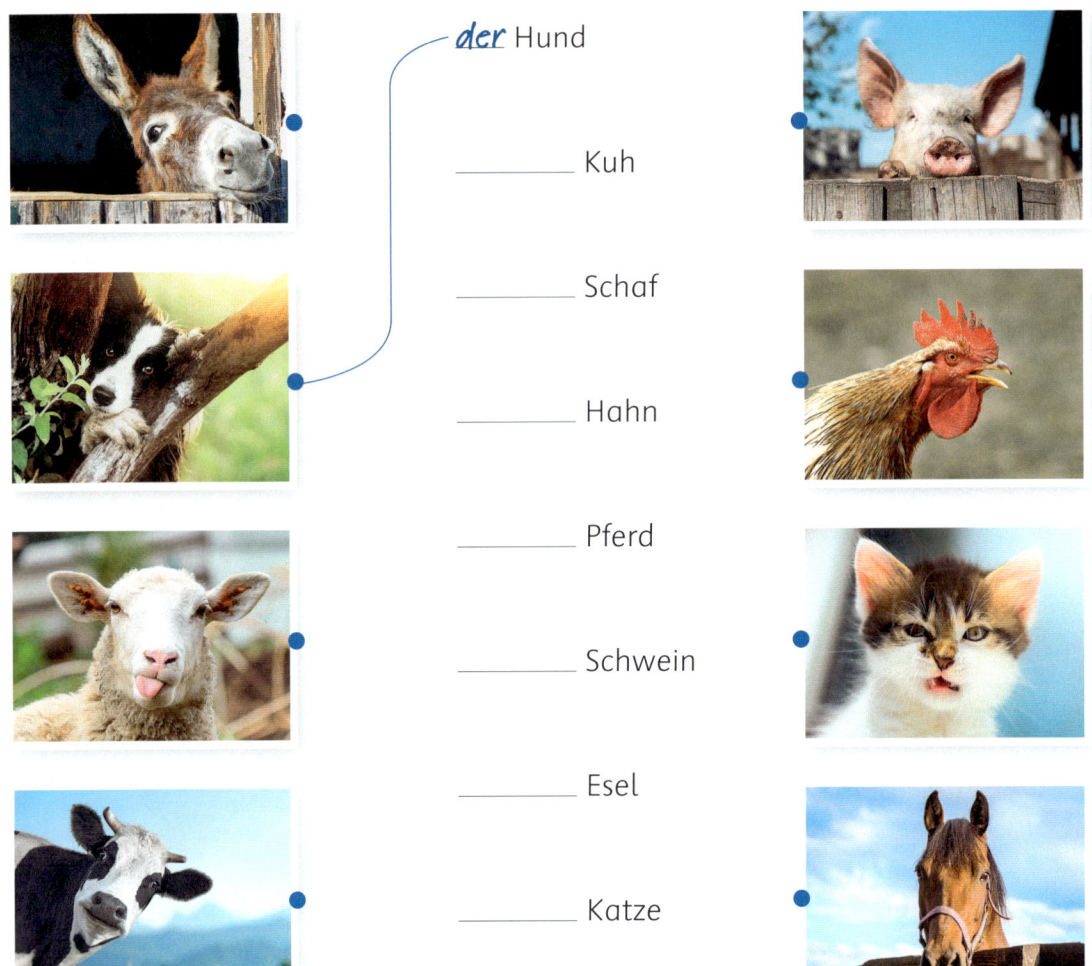

der Hund

_____ Kuh

_____ Schaf

_____ Hahn

_____ Pferd

_____ Schwein

_____ Esel

_____ Katze

b *Der*, *die* oder *das*? Ergänze in 1a.

31 **2 Die Tiere** Hör zu und ergänze. Hör noch einmal und sprich nach.

die Hund**e**   die Hähn____   die Küh____   Pferd____   Schwein____   Schaf____

3 Magst du Tiere?

32 a Welche Tiere mögen Nora und Phillip? Hör zu und kreise ein.

Philip mag:      Nora mag:

32 b Hör noch einmal. Was sagt Phillip? Schreib den Satz.

Ich mag _____ .

4 Haustiere

a Welches Haustier hat das Kind? Lies und mal das Bild weiter.

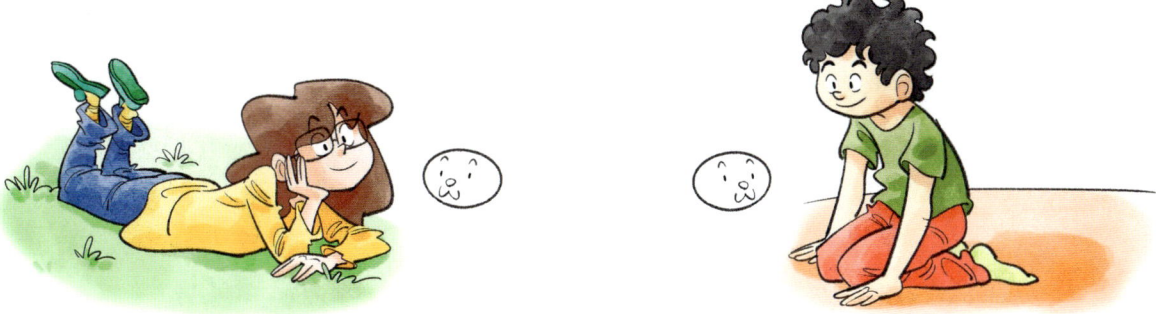

Emma hat ein Kaninchen.   Marcel hat eine Katze.

b Zeichne die Linien nach und schreib Sätze wie im Beispiel.

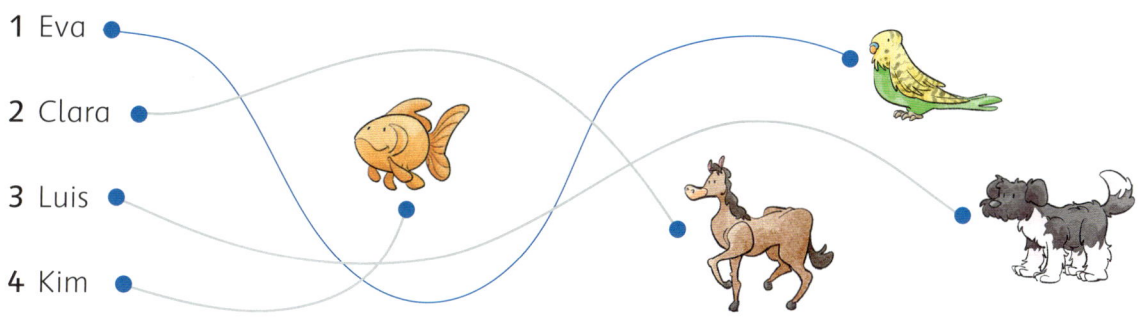

1 <u>Eva hat einen Wellensittich.</u>

2 _____

3 _____

4 _____

5 Im Zoo Welche Tiere sind das? Schreib.

1    2

das _____   der _____

3   4   5

der _____   der _____   die _____

8 | Mein Lieblingstier

6 Tiger sind schnell

a Schau die Bilder an. Finde 4 Unterschiede.

Bild A

Bild B

b Schreib die Unterschiede auf.

Auf Bild B sind zwei _____

_____

c Was passt zu welchem Tier? Verbinde mit unterschiedlichen Farben.

klein
groß
schlau
dumm
stark
schwach
schnell
langsam
laut
leise

7 Tiergedichte
Welches Tier ist das? Lies und schreib den Tiernamen. Mal das Tier.

stark	schwimmt
sehr groß	ist klein
lebt im Zoo	lebt im Haus
er ist sehr laut	er ist sehr leise
_____	_____

8 Tier-Steckbriefe
a Was passt? Wähle aus. Schreib dann den Steckbrief.

Das ist _____
   (ein Schwein, eine Giraffe, ein Zebra)

Sie lebt _____ .
   (im Zoo, auf dem Bauernhof, im Haus)

Sie frisst _____ .
   (Karotten, Gras, Eis)

Sie ist _____ und
_____ .

 b Was ist dein Lieblingstier? Schreib und mal.

Wie heißt es? Wo lebt es? Was frisst es? Wie ist es?

8 | Was kann ich?

Mach die Übungen. Kontrolliere auf Seite 63 und kreuze an:

🙂 das kann ich gut   😐 das kann ich einigermaßen   🙁 das muss ich noch üben

1 Tiere benennen

a Ein Tier gehört nicht dazu. Welches ist es? Kreise es ein.

1 der Tiger ◎ der Elefant ◎ (der Hund) ◎ das Nashorn

2 das Schwein ◎ das Krokodil ◎ das Schaf ◎ die Kuh

3 der Pinguin ◎ der Papagei ◎ das Kaninchen ◎ der Wellensittich

b Welche Tiere leben dort? Schreib im Plural.

1 Tiere auf dem Bauernhof:

die Pferde, die _____

2 Tiere im Haus:

die Katzen, die _____

3 Tiere im Zoo:

die Tiger, die _____

2 Tiere beschreiben Ergänze die Wörter.

spielt ◎ frisst gern ◎ Affe ◎ lustig

Das ist ein _____. Er _____ Bananen.

Er ist _____. Er _____ gern.

3 Grammatik Ergänze die Wörter.

● Anna sag mal, *h*_____ du *e*_____ Hund?

▲ Nein, ich *h*_____ *k*_____ Hund, ich *h*_____ *e*_____ Katze.

Und du? *H*_____ du *e*_____ Haustier?

● Ja, ich *h*_____ *e*_____ Kaninchen und *e*_____ Papagei.

Schülerbuch, Seite 63.

Meine Wörter | 8

leben — Die Katze lebt im Haus.

das Haus, die Häuser

der Zoo, die Zoos — Die Tiere leben im Zoo.

spazieren gehen — Anna und Bello gehen im Park spazieren.

der Garten, die Gärten — Die Katze spielt im Garten.

das Haustier, die Haustiere — ▲ Hast du ein Haustier?
■ Ja, ich habe einen Hund.

die Kuh, die Kühe

das Schaf, die Schafe

der Hahn, die Hähne

das Pferd, die Pferde

das Schwein, die Schweine

der Esel, die Esel

das Kaninchen, die Kaninchen

der Goldfisch, die Goldfische

klein

groß

stark

schwach

laut

leise

schnell

langsam

siebenundfünfzig **57**

4 | Kleine Pause

1 Das ist Lauras Familie. Wie heißen die Familienmitglieder? Ergänze die Wörter.

Tante ● Onkel ● Schwester ● Opa ● Mama ● Cousin ● Oma ● Cousine ● Bruder ● Papa

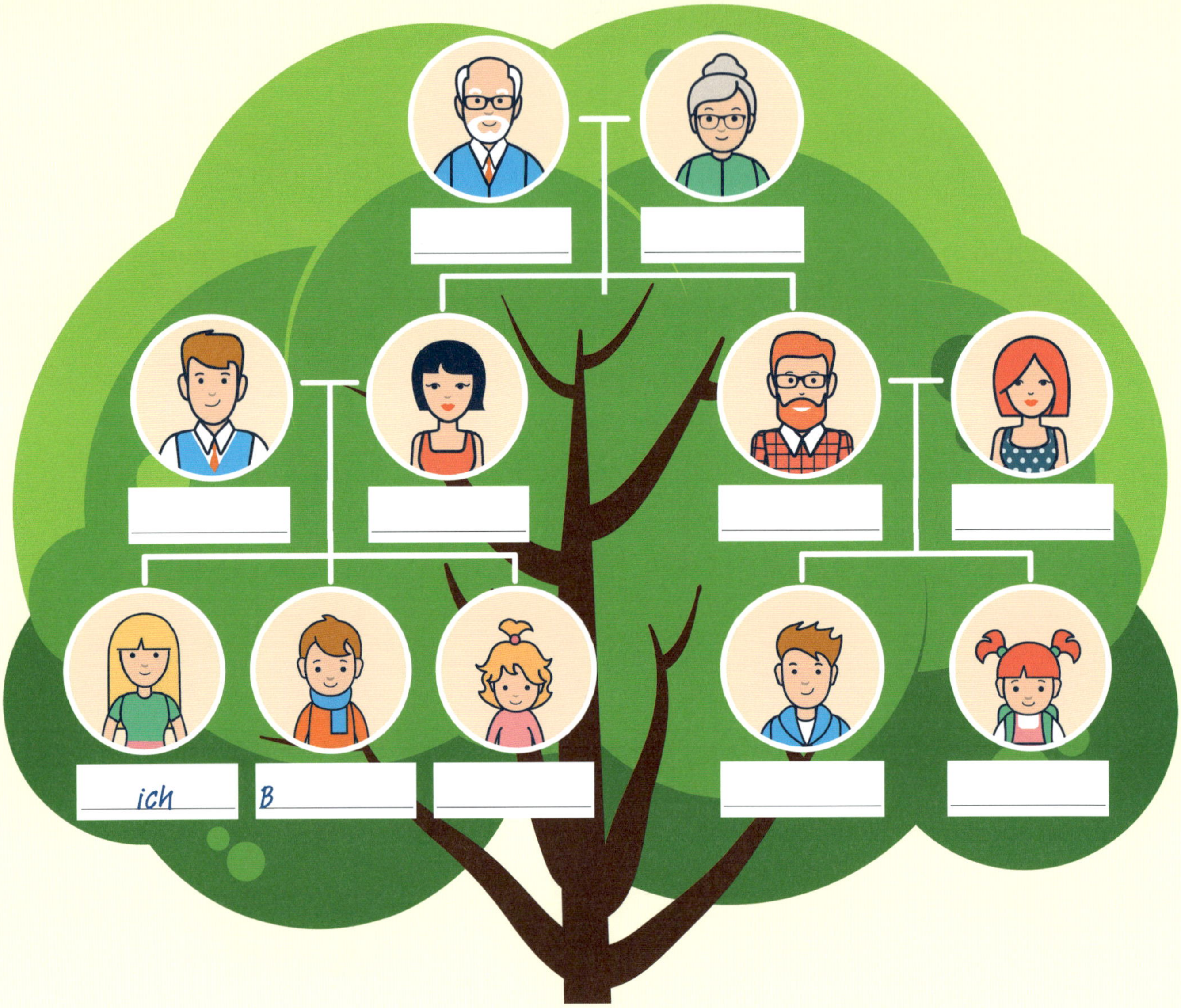

ich   *B*

2 Was ist das? Lies und verbinde die Zahlen in dieser Reihenfolge:

achtzehn → zwanzig → elf → vierzehn → zwölf → fünfzehn → dreizehn → siebzehn → sechzehn → neunzehn → fünf → acht → zwei

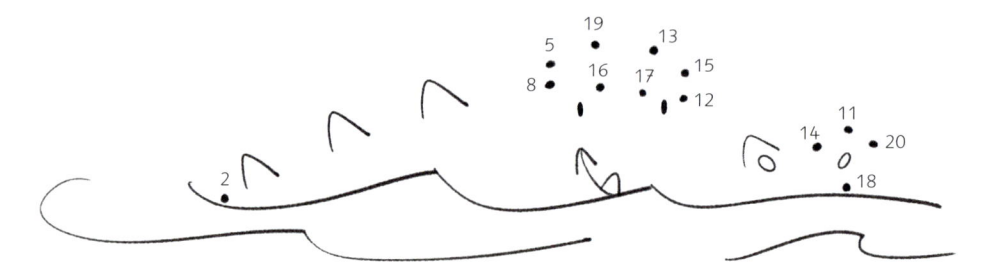

Kleine Pause | 4

3 Was sagt das Kind? Lies, was auf den Stickern steht. Kleb die passenden Sticker ein.

4 Wie sind die Tiere? Wo leben sie? Kleb die Sticker ein. In jedes Feld passt ein Tier.

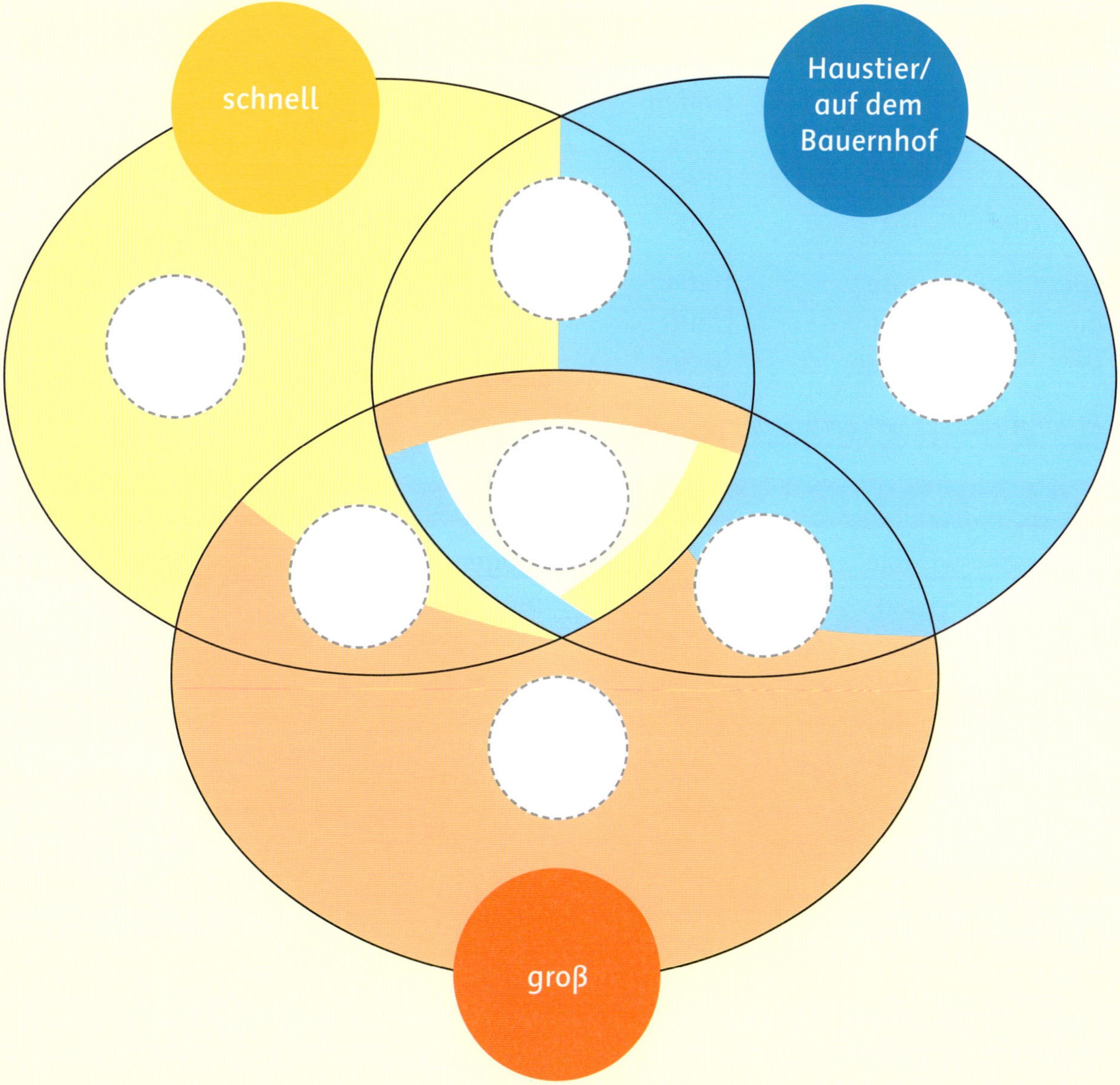

schnell

Haustier/ auf dem Bauernhof

groß

neunundfünfzig 59

Grammatik im Überblick

Verben 60
Nomen und Artikel 61
Adjektive 62
Die Wörter im Satz 62
Rechtschreibung 62

Verben

Regelmäßige Verben

	spielen	lernen
ich	spiele	lerne
du	spielst	lernst
er/es/sie	spielt	lernt
wir	spielen	lernen
ihr	spielt	lernt
sie	spielen	lernen

Du schwimmst gern. Er spielt.

> Was machst du gern?
>
> Ich spiele gern Tennis.

Verben mit Vokalwechsel e → i und a → ä

	essen	treffen	fahren
ich	esse	treffe	fahre
du	isst	triffst	fährst
er/es/sie	isst	trifft	fährt
wir	essen	treffen	fahren
ihr	esst	trefft	fahrt
sie	essen	treffen	fahren

Er fährt Rad. Er isst gern Schokolade. Wir treffen Freunde.

> Was esst ihr gern?
>
> Wir essen gern Obst.

Unregelmäßige Verben

	sein	haben	mögen
ich	bin	habe	mag
du	bist	hast	magst
er/es/sie	ist	hat	mag
wir	sind	haben	mögen
ihr	seid	habt	mögt
sie	sind	haben	mögen

> Hallo, ich bin Mia. Und wer bist du?

● Hast du ein Haustier?
▲ Ja, ich habe eine Katze.

● Was mögt ihr gern?
▲ Wir mögen Eis.

sechzig

Grammatik im Überblick

Nomen und Artikel

Artikel

	m (maskulin)	n (neutrum)	f (feminin)	Pl (Plural)
bestimmter Artikel	der	das	die	die
unbestimmter Artikel	ein	ein	eine	–
Negativartikel	kein	kein	keine	keine
Possessivartikel	mein	mein	meine	meine
	dein	dein	deine	deine

Das ist *ein* Hund. *Der* Hund heißt Bello. Das ist *mein* Hund.

Verneinung mit *kein*

m Ist das *ein* Rucksack? Nein, das ist *kein* Rucksack.

n Ist das *ein* Buch? Nein, das ist *kein* Buch.

f Ist das *eine* Lehrerin? Nein, das ist *keine* Lehrerin.

Pl Sind das Bleistifte? Nein, das sind *keine* Bleistifte.

Singular und Plural

der Bleistift	die Bleistifte	-e
die Tasche	die Taschen	-n
der Spitzer	die Spitzer	-
die Freundin	die Freundinnen	-nen
das Buch	die Bücher	-¨er
der Rucksack	die Rucksäcke	-¨e
der Radiergummi	die Radiergummis	-s

Nominativ und Akkusativ

	m	n	f	Pl
Nominativ	der	das	die	die
	ein	ein	eine	–
	kein	kein	keine	keine
Akkusativ	den	das	die	die
	einen	ein	eine	–
	keinen	kein	keine	keine

Hast du einen Bruder?

Nein, ich habe keinen Bruder.

Possessives -s

Das ist die Tasche von Klara. = Das ist Klaras Tasche.
Das ist der Computer von Fabian. = Das ist Fabians Computer.

einundsechzig

Grammatik im Überblick

Adjektive

wie?   Die Schildkröte ist *langsam*.
       Der Hund ist *groß*.
       Mia ist *sportlich*.

> Das ist Socke.
> Er ist lustig.

Die Wörter im Satz

W-Fragen

Wo wohnst du?   Wie heißt du?   Was machst du gern?

Ja/Nein-Fragen

Hast du einen Hund? Ja, ich habe einen Hund.
Spielst du gern Computer? Ja, ich spiele gern Computer.

Hast du einen Bruder? Nein, ich habe keinen Bruder.
Wohnst du in Berlin? Nein, ich wohne in Stuttgart.

Aussagesätze

Ich heiße Mia.   Klara wohnt in Berlin.   Lukas hat einen Hund.

Konnektoren

und   Ich habe einen Bruder *und* eine Schwester.
oder   Ich esse gern Äpfel *oder* Bananen.

Rechtschreibung

Groß- und Kleinschreibung

Namen   Tom, Mia, Lotte
Nomen   das Buch, die Kinder, die Schokolade
Satzanfang   Der Hund ist süß.

Was kann ich? – Lösungen

1 Ich und du

1 Fragen und antworten
Wie heißt du? – Ich heiße Erik.
Woher kommst du? – Aus Berlin.
Wo wohnst du? – In Bonn.
Wer bist du? – Ich bin Anna.

2 Jemanden begrüßen und verabschieden
1 Hallo
2 Abend, Abend
3 Wiedersehen, Tschüs

3 Grammatik
1 heiße, heißt
2 komme, kommst
3 schwimmst

2 Meine Freunde

1 Fragen und antworten
1 Wer ist das? Das ist Socke.
2 Was macht Leonie? Sie macht Karate.
3 Was macht Aaron? Er spielt Tennis.
4 Wie alt bist du? Ich bin *(dein Alter)* Jahre alt.

2 Freunde beschreiben
Das ist Hannes. Er ist 11 Jahre alt. Er spielt gern Fußball. Er ist sportlich.

3 Zahlen bis 12
7, 4, 11, 8, 9, 3, 12

4 Grammatik
Er malt, sie malt.
Du spielst, er spielt, sie spielt.
Du bist, er ist, sie ist.

3 Meine Schulsachen

1 Fragen und antworten
1 Das schreibt man …
2 Hier ist der Füller.
3 Hier sind die Lineale.

2 Etwas bewerten
Das ist schwer. Das ist leicht.

3 Das Alphabet
1 F G, 2 K L M, 3 N Q, 4 R,
5 T W, 6 H

4 Grammatik
2 die Hefte, 3 die Buntstifte, 4 die Bleistifte, 5 die Radiergummis, 6 die Taschen

4 Meine Schule

1 Fragen und antworten
1 Magst du Sport? Ja, ich mag Sport./Nein, ich mag Sport nicht.
2 Was ist dein Lieblingsfach? Mein Lieblingsfach ist *(dein Lieblingsfach)*.
3 Ist das ein Lineal? Nein, das ist ein Bleistift.

2 Die Schule vorstellen
meine, ist meine, heißt

3 Über Schulfächer sprechen
Ich mag Sport. Wir mögen Kunst nicht gern.

4 Grammatik
Ich mag, du magst, er mag, wir mögen

5 Meine Woche

1 Über die Woche sprechen
2 gehen, 3 lese, 4 spielen, 5 treffe

2 Fragen und antworten
1 Ja, ich spiele gern Klavier.
2 Fährst du gern Rad?

3 Sich verabreden
1 Ja, das geht. 2 Spielen wir am Montag Tennis? 3 Nein, ich habe keine Lust.

4 Grammatik
ich lese, du triffst, er/sie liest, wir treffen

6 Das esse ich gern

1 Eis bestellen
Eine Kugel Schokoladeneis bitte.
Eine Kugel Erdbeereis bitte.

2 Sagen, was ich esse und trinke
Ich esse zum Frühstück Brötchen mit Marmelade. Ich trinke zum Frühstück Saft oder Milch.

3 Sagen, was ich *sehr gern*, *gern* und *nicht so gern* esse und trinke
1 Ich esse sehr gern Brot mit Käse.
2 Ich trinke gern Tee. 3 Ich esse nicht so gern Müsli.

4 Grammatik
Was trinkst du gern? Ich trinke gern …
Was isst du gern? Ich esse gern …

7 Meine Familie

1 Die Familie vorstellen
1 mein Papa, meine Mama
2 mein Bruder, meine Schwester
3 mein Opa, meine Oma

2 Deine Familie beschreiben
Beispiel: Ich habe eine Oma. Ich habe keine Cousine. Mein Opa ist sportlich. Mein Onkel ist nett.

3 Zahlen bis 20
1 zwölf, vierzehn
2 sechzehn, neunzehn
3 siebzehn, zwanzig

4 Grammatik
1 Hast du Geschwister?/Hast du eine Schwester?
2 Nein, ich habe keinen Bruder.

8 Mein Lieblingstier

1 Tiere benennen
a 2 das Krokodil, 3 das Kaninchen
b 1 die Kühe, die Schafe, die Schweine, die Esel, die Hähne
2 die Hunde, die Kaninchen, die Wellensittiche, die Goldfische
3 die Zebras, die Pinguine, die Affen, die Elefanten, die Giraffen, die Eisbären, die Tiger, die Kamele, die Papageien, die Krokodile

2 Tiere beschreiben
Das ist ein Affe. Er frisst gern Bananen. Er ist lustig. Er spielt gern.

3 Grammatik
hast, einen
habe, keinen, habe, eine
Hast, ein
habe, ein, einen

Quellen

Bildquellen

S. 5 (oben): Fotolia/WavebreakmediaMicro; (unten): shutterstock/SpeedKingz; – S. 8 (oben links): Fotolia/Dusan Kostic; (oben Mitte): Fotolia/luckybusiness; (oben rechts): Fotolia/Sergey Novikov; – S. 8 (unten links): shutterstock/Sergey Novikov; – S. 8 (unten rechts): Cornelsen/Hugo Herold- Fotokunst, Michael Herold; – S. 9 (oben): Cornelsen/Hugo Herold- Fotokunst, Michael Herold; (Smileys): Shutterstock/Pavlo S; (unten, Daumen): Shutterstock/Pavlo S; (unten, Illustration Tageszeiten): shutterstock/Sudowoodo; – S. 11 (1): Fotolia/JackF; (2): Fotolia/Syda Productions; (3): Fotolia/Robert Kneschke; (4): Fotolia/Stratos Giannikos; – S. 13 (oben): shutterstock/joyfuldesigns; (unten): shutterstock/unguryanu; – S. 14 (3): Fotolia/Stratos Giannikos; (4): Fotolia/JackF; – S. 15 (Foto Mitte): Fotolia/Boggy; (Foto oben): Fotolia/LIGHTFIELD STUDIOS; (Foto unten): Fotolia/Syda Productions; – S. 24 (1): Cornelsen/ Hugo Herold; (2): Cornelsen/ Hugo Herold; (3): Cornelsen/ Hugo Herold; (4): Fotolia/drubig-photo; (5): Cornelsen/ Hugo Herold; (6): Cornelsen/ Hugo Herold; – S. 25 (Daumen oben): Shutterstock/Pavlo S; (Smileys unten): Shutterstock/Pavlo S; (Smileys unten): Shutterstock/Pavlo S; – S. 26 (Buntstift): Fotolia/Petra Schüller; (Lineal): shutterstock/MSSA; (Schere): Fotolia/PhotoSG; (Smileys oben): Shutterstock/Pavlo S; (Smileys oben): Shutterstock/Pavlo S; (Spitzer): shutterstock/ziviani; – S. 27 (oben links): shutterstock/Monkey Business Images; (oben rechts): shutterstock/wavebreakmedia; (unten links): shutterstock/dotshock; (unten rechts): shutterstock/Monkey Business Images; – S. 29 (Foto Mitte): Cornelsen/ Hugo Herold; (Foto oben): shutterstock/giedre vaitekune; (Foto unten): Cornelsen/ Hugo Herold; – S. 31 (Britische Flagge): shutterstock/charnsitr; (Mitte links): shutterstock/Max Topchii; (Mitte rechts): shutterstock/Kiselev Andrey Valerevich; (oben links): shutterstock/UNIKYLUCKK; (oben rechts): shutterstock/Africa Studio; (unten links): shutterstock/EvgeniiAnd; (unten rechts): shutterstock/Dean Clarke; – S. 34 (links): shutterstock/sonya etchison; (rechts): shutterstock/Tono Balaguer; – S. 37 (Mitte): Fotolia/Picture-Factory; (oben): Fotolia/Piotr Mitelski; (unten): Fotolia/JackF; – S. 38 (1, 2): shutterstock/M. Unal Ozmen; (3): shutterstock/Africa Studio; (4): shutterstock/stockcreations; (5): shutterstock/GCapture; (A): Fotolia/Xavier; (B): Fotolia/Thomas Francois; (C): Fotolia/blende11.photo; (D): Fotolia/unpict; (E): Fotolia/Xavier; – S. 40 (1. von links): Fotolia/fotoatelie; (1. von rechts): Fotolia/sommai; (2. von links): Fotolia/Björn Wylezich; (2. von rechts): Fotolia/Zerbor; (3. von links): Fotolia/oxie99; (3. von rechts): Fotolia/gitusik; (Smileys): Shutterstock/Pavlo S; – S. 41 (Smileys): Shutterstock/Pavlo S; – S. 42 (Eiscreme oben): shutterstock/M. Unal Ozmen; (Smileys unten): Shutterstock/Pavlo S; – S. 43 (Foto Mitte): Fotolia/Xavier; (Foto oben): Fotolia/Thomas Francois; (Foto unten): Fotolia/Xavier; – S. 44 (4): Fotolia/Drobot Dean; (8): Fotolia/Björn Wylezich; (10): Fotolia/janvier; (12): Fotolia/JackF; (18): Fotolia/photocrew; (21): Fotolia/Christian Schwier; (23): Fotolia/Sergii Moscaliuk; – S. 48 (1): Fotolia/ink drop; – S. 48 (2): shutterstock/Andrjuss; – S. 48 (3): Fotolia/nito; (4): Fotolia/alexaphotoua; (5): Fotolia/stadtratte; (6): Fotolia/ink drop; – S. 49 (A): shutterstock/Pressmaster; (B): shutterstock/KIRYAKOVA ANNA; (C): shutterstock/InBetweentheBlinks; (D): shutterstock/Max Topchii; (E): shutterstock/Brocreative; (oben): shutterstock/Valua Vitaly; – S. 51 (Foto unten): shutterstock/Iakov Filimonov; – S. 52 (Esel): Fotolia/Dieter Hawlan; (Hahn): Fotolia/taviphoto; (Hund): Fotolia/Kate; (Katze): Fotolia/Konstiantyn; (Kuh): Fotolia/Dudarev Mikhail; (Pferd): Fotolia/Jacob; (Schaf): Fotolia/nskyr2; (Schwein): Fotolia/ninikask; – S. 55: Fotolia/gudkovandrey; – S. 57 (Haus): shutterstock/Sira Anamwong; (Illu zu groß): shutterstock/pichayasri; (Illu zu klein): shutterstock/pichayasri; (Illu zu schnell/langsam): shutterstock/BlueRingMedia; (Illu zu stark/schwach): shutterstock/BlueRingMedia; (Illus laut/leise): shutterstock/BlueRingMedia; – S. 58 (Baum (Hintergrund)): shutterstock/Wision; (Familie): shutterstock/Sentavio; – S. 59 (links): shutterstock/Aprilphoto; (Mitte): shutterstock/Hallgerd; (rechts): shutterstock/Santhosh Varghese;

Fotos auf Stickerbogen: (Kuh): shutterstock/Marc Venema; (Hund): shutterstock/Grisha Bruev; (Giraffe): shutterstock/E. O.; (Tiger): shutterstock/dangdumrong; (Schaf): shutterstock/unverdorben jr; (Pferd): shutterstock/Callipso; (Nilpferd): shutterstock/Karel Bartik

Audios zum Arbeitsbuch

Studio: Tonstudio Dekarski für die SAMIVO media GbR
Redaktion: Corinna Hilger, Kathrin Sokolowski
Tontechnik, Regie: Ivonne Dekarski, Dr. Samia Little Elk
Copyright: © Tonstudio Dekarski für die SAMIVO media GbR

Songs: Samuel Reißen
Copyright Songs: © Samuel Reißen (Track 5, 14, 22)

Erwachsene Sprecherinnen und Sprecher: Rainer Fritzsche, Dr. Samia Little Elk, Ivonne Dekarski
Kinder Sprecherinnen und Sprecher: Leni Radünz, Mia Schröder, Anton Dietrich, Paul Dietrich, Clara Witte, Nils Krohn, Carlo Wisotzky